25 FEV. 1913

VENTE
Du Mardi 25 Février 1913
HOTEL DROUOT, SALLE N° 7
A 2 HEURES

FAIENCES ANCIENNES

PORCELAINES, OBJETS DE VITRINE

SCULPTURES

BRONZES D'ART ET D'AMEUBLEMENT

Meubles et Sièges

TAPISSERIES

TAPIS D'ORIENT ET D'AUBUSSON

COMMISSAIRE-PRISEUR
Me F. LAIR-DUBREUIL
EXPERTS
MM. G. DUCHESNE & R. DUPLAN

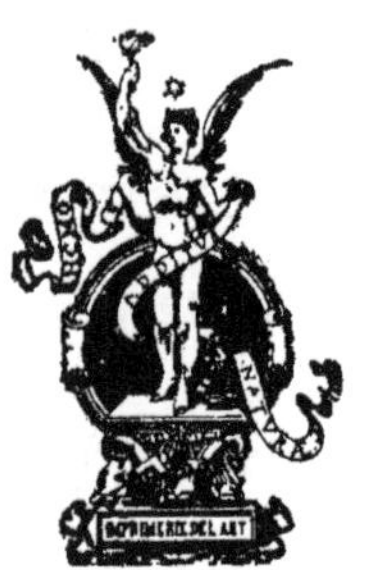

CATALOGUE

DES

Faïences Anciennes

APREY, DELFT, LILLE, MARSEILLE
MOUSTIERS, NEVERS, ROUEN, SAINT-AMAND, STRASBOURG, ETC.

PORCELAINES ANCIENNES

OBJETS DE VITRINE

SCULPTURES EN MARBRE ET EN IVOIRE

Bronzes d'Art et d'Ameublement

IMPORTANTE PENDULE EN BRONZE CISELÉ & DORÉ
D'ÉPOQUE LOUIS XVI

PENDULE D'APPLIQUE D'ÉPOQUE LOUIS XV

MEUBLES ANCIENS ET DE STYLE

Six Fauteuils garnis en Tapisserie d'Aubusson

BANDEAUX EN ANCIENNE TAPISSERIE DES GOBELINS

TAPIS

D'AUBUSSON, DE LA SAVONNERIE ET D'ORIENT

Dont la Vente aux Enchères publiques aura lieu

HOTEL DROUOT, SALLE N° 7

LE MARDI 25 FÉVRIER 1913

A DEUX HEURES

COMMISSAIRE-PRISEUR	EXPERTS
M⁰ F. LAIR-DUBREUIL	MM. G. DUCHESNE & R. DUPLAN
6, rue Favart	10, rue Rossini

EXPOSITION PUBLIQUE

LE DIMANCHE 23 FÉVRIER 1913   **LE LUNDI 24 FÉVRIER 1913**
De 2 heures à 6 heures   *De 1 heure 1/2 à 6 heures*

CONDITIONS DE LA VENTE

Elle sera faite au comptant.

Les adjudicataires paieront *dix pour cent* en sus des enchères.

L'exposition mettant le public à même de se rendre compte
de l'état de conservation des objets, aucune réclamation ne
sera admise une fois l'adjudication prononcée.

Paris. — Imp. de l'Art. Ch Berger. 41, rue de la Victoire

DÉSIGNATION

FAIENCES ANCIENNES

1 — **Aprey**. Sucrier à poudre, décor à réserves de fleurs à rinceaux fond blanc à bandes vertes et rouges ; bouton du couvercle formé par une pomme.

121

2 — **Avignon**. Plat long et creux à bords festonnés, décor polychrome à bouquets de fleurs et insectes sur fond jaune.

Long., 46 cent.

150

3 — **Delft**. Plaque à bords moulurés et mouvementés avec, dans le haut, un mascaron, tête d'enfant : décor présentant, en polychrome, un buste d'homme en habit et perruque. Initiales et date : *1753*.

220

4 — **Delft**. Plat creux, décor polychrome ; fond vert olive à réserves en blanc, forme de cœur ; portant la marque de *David Kam*.

110.

5 — **Delft**. Petite verseuse formée par un singe grotesque accroupi sur un terrassement à décor en relief, signé de *Jan Van Drop, 1753*.

6 — **Delft**. Plat rond et très creux, décor bleu sur blanc dans le style chinois, à réserves avec, au centre, des canards au milieu de fleurs.

Diam., 39 cent.

7 — **Delft**. Deux drageoirs à couvercle, décor polychrome en relief à fleurs et fruits ; le couvercle surmonté d'une vache couchée. Portant le monogramme de *W. Kool.*

8 — **Delft**. Grand pichet ovoïforme, décor en bleu pâle sur blanc, à scènes de personnages chinois dans des paysages.

9 — **Hispano-mauresque**. Petit plat creux, décor à reflets métalliques.

10 — **Hollande** (Genre de). Deux assiettes, décor à bustes d'homme et de femme avec devise, fleurettes et rinceaux en polychrome. Céramique anglaise à décor hollandais.

11 — **Lille**. Lanterne, décor en bleu sur blanc à réserves de paysages avec pêcheurs et quadrillés.

12 — **Lille**. (?) Deux petits cache-pots, décor en bleu sur blanc à armoiries, draperies et motifs à rinceaux. Le bas de la panse et le piédouche godronnés ; anses formées par des mascarons de têtes d'hommes.

13 — **Marseille**. Grand plat rond et creux, décor polychrome à bouquets de roses et fleurs diverses sur fond blanc : bord festonné.

Diam., 43 cent.

14 — **Midi**. Ecuelle à couvercle ; anses formées par des écussons à branchages ; décor polychrome à bouquets de fleurs ; bouton du couvercle formé par un rameau de pommier, et son plateau même décor.

550.

15 — **Midi**. Deux vases jardinières-tulipières, décor polychrome à bouquets de fleurs sur fond blanc ; anses à rinceaux ; reposant sur piédouche.

130.

16 — **Moustiers**. Plat rond et creux à bords dentelés, fin décor polychrome à médaillon représentant Jupiter entouré d'une couronne de fleurs ; papillons et amours sur le fond ; marli à guirlandes.

Diam., 24 cent.

175.

17 — **Moustiers**. Poudrière, forme balustre, décor bleu sur blanc à vases de fleurs et rinceaux.

205

18 — **Moustiers**. Cache-pot, de forme ronde, décor en bleu sur blanc, présentant des motifs inspirés de Bérain ; sur la face, écusson armorié ; au revers : Triomphe de Vénus et l'Amour ; anses formées par des mascarons de têtes d'homme.

Haut., 20 cent. ; diam., 20 cent.

400.

19 — **Moustiers**. Soupière oblongue, de forme mouvementée, reposant sur trois pieds ; décor bleu sur blanc ; armoiries sur le couvercle.

125

20 — **Moustiers**. Console d'applique à cinq pans se terminant en cul-de-lampe, décorée en bleu sur blanc à cariatides et rinceaux, d'après Bérain.

Haut., 35 cent.

21 — **Nevers**. Plat creux à bords festonnés, de forme oblongue, offrant, au centre, un sujet : Pèlerin assis au pied d'un arbre, près d'un cours d'eau, dans un paysage où on voit des ruines et des constructions ; à droite, jeune berger jouant de la flûte ; lambrequins sur le bord et godrons au revers.

Long., 47 cent.

22 — **Nevers**. Grand plat creux et rond ; décor en bleu et violet, présentant, au centre, un écusson flanqué de deux lions ; sur le marli à parement, rinceaux, palmes et guirlandes.

Diam., 48 cent.

23 — **Nevers**. Grand plat rond, décor bleu sur blanc à sujet de vase fleuri et oiseaux ; sur le marli, décor à réserves d'oiseaux et animaux.

Diam., 54 cent.

24 — **Nevers**. Grand plat creux rond, à décor bleu sur blanc offrant, au centre, un médaillon avec oiseaux dans un paysage entouré d'une bande circulaire à rosaces ; motifs de fleurs, oiseaux et rosaces sur le marli.

Diam., 53 cent.

25 — **Nevers**. Pichet, décor à réserves de fleurs sur fond blanc; fond gros bleu marbré.

26 — **Nevers**. Vase-balustre à col étroit, à décor chinois.

27 — **Rouen**. Deux assiettes creuses, décor polychrome à paysages, oiseaux et arbres ; marli à quadrillé en vert avec réserves à fleurs.

28 — **Rouen**. Deux assiettes creuses, décor en bleu sur blanc à corbeilles fleuries, rinceaux, guirlandes et écussons sur le marli.

29 — **Rouen**. Assiette creuse, décor polychrome à la Corne.

30 — **Rouen**. Quatre compotiers à bords dentelés, décor polychrome à carquois, flambeau, oiseau et branchages, marli à rinceaux, feuillages et fleurs.

31 — **Rouen**. Plat à bords festonnés, décor de fleurs et feuillages avec réserves et treillis sur le marli en vert d'eau, jaune, rouge et bleu.

Diam., 30 cent.

32 — **Rouen**. Plat creux à bords festonnés, décor polychrome à l'Arbre fleuri.

Diam., 35 cent.

33 — **Rouen**. Grand plat creux, décor en bleu sur blanc, présentant, au centre, une rosace et une bande circulaire et, sur le marli, un lambrequin.

Diam., 51 cent.

34 — **Rouen**. Grand plat rond, décor bleu sur blanc
à rosace rayonnante avec oiseaux au centre ;
rinceaux et feuillages alternés sur le marli.

Diam., 50 cent.

35 — **Rouen**. Grand plat creux, décor bleu sur
blanc, à grande rosace centrale et motifs de rinceaux et feuillages sur le marli.

Diam., 56 cent.

36 — **Rouen**. Grand plat rond, à décor bleu sur
blanc à rosace, lambrequins, fleurs et rinceaux.

Diam., 55 cent.

37 — **Rouen**. Grand plat rond, à décor bleu et rouge,
offrant, au centre, un sujet chinois avec bande
circulaire à rinceaux et feuillages ; sur le marli,
bande quadrillée à festons.

Diam., 40 cent.

38 — **Rouen**. Grand plat rond, décor bleu sur blanc
à rosace centrale entourée d'une bande circulaire
à rinceaux ; lambrequin sur le marli.

Diam., 57 cent.

39 — **Rouen**. Deux grands plats creux, décor polychrome à corbeille fleurie au centre et, sur le
marli à lambrequins, rinceaux, coquilles et guirlandes de fleurs en vert d'eau, bleu, rouge et
jaune.

Diam., 48 cent.
Diam., 53 cent.

40 — **Rouen**. Grand plat creux, décor en bleu sur
blanc, offrant, au centre, de grandes armoiries
flanquées de deux figures d'Hercule, supportées
par un motif à rinceaux et mascarons, entourées
d'un motif à maillons.

Diam., 48 cent.

450

41 — **Rouen**. Grand plat creux, décor en bleu sur
blanc, présentant, au centre, quatre cavaliers
dans un entourage à palmes, rinceaux et feuillages; marli à filet.

Diam., 50 cent.

500

42 — **Rouen**. Grand plat creux, décor bleu sur
blanc, genre oriental à rosace centrale, entourage à arceaux; marli à lambrequin.

Diam., 53 cent.

365

43 — **Rouen**. Grand plat à bords festonnés, décoré,
au centre, d'une corbeille de fruits et de cornes
d'abondance; sur le marli, lambrequins à poin-
tillés, avec guirlandes de fleurs et rinceaux en
polychrome.

Diam., 42 cent.

44 — **Rouen**. Autre plat semblable au précédent.

Diam., 42 cent.

460

45 — **Rouen**. Plat long et creux à bords contournés,
décor polychrome, présentant, au centre, un
trophée avec fleurs et oiseaux; sur le marli,
quadrillé rouge avec pointillé bleu, rinceaux et
fleurettes.

Long., 42 cent.

255

46 — **Rouen**. Plateau creux, de forme rectangulaire.
à pans avec anses, décor en bleu et rouge à
lambrequins sur fond blanc.

Long., 44 cent.

47 — **Rouen**. Plateau rectangulaire à pans coupés,
décor en bleu sur blanc, coquilles, rinceaux,
draperies.

Long., 43 cent.

48 — **Rouen**. Plateau creux rectangulaire à pans,
décor bleu et rouge à lambrequin, draperies et
fleurettes avec rosace au centre.

Long., 36 cent.

49 — **Rouen**. Bannette à bords contournés, décor
polychrome présentant, au centre, de grands rinceaux avec aigle, cigogne, fleurs et fruits; sur
le marli, rinceaux et feuillages se détachant sur
un quadrillé vert d'eau.

Long., 40 cent.

50 — **Rouen**. Compotier, décor polychrome à corbeilles de fruits et lambrequins; au centre, des
soldats à l'exercice avec devise en exergue :
*Premier Prix présenté par Monsieur Estienne,
Capitaine enseigne de la Compagnie de Mantes,
1728.*

Diam., 33 cent.

51 — **Rouen**. Salière bout de table à couvercle et
compartiments, décor en bleu et rouge à lambrequins.

52 — **Rouen.** Poudrière, décor bleu sur blanc à fleurs, lambrequins et rinceaux.

750.

53 — **Rouen.** Pichet formé par un homme en veste jaune chevauchant un tonneau, qui repose sur un socle à arceaux, décor polychrome avec chifre : P. couronné.

250.

54 — **Rouen.** Pichet, décor polychrome à lambrequin, coquilles, fleurs et draperies.

160

55 — **Rouen.** Pichet, décor polychrome à rinceaux, guirlandes, vase et quadrillé. Sur le col, une inscription : *Louis Tauache, 1742*. Col et anse métalliques.

56 — **Rouen.** Soupière, décor polychrome à la Corne.

57 — **Rouen.** Soupière oblongue, décor polychrome à la Corne.

58 — **Rouen.** Grand pichet, à très fin décor polychrome présentant, de face, un grand écusson dans des rinceaux avec la figure de *saint Michel terrassant le dragon*. Sur le pourtour de la panse, des rinceaux, des oiseaux et des fleurs. Col à déversoir, anse et garniture du pied en argent ciselé. Monture moderne. Au revers, l'inscription : *Michel Monique, La Rose, 1783*.

395

59 — **Rouen.** Grand pichet à panse renflée, décor en bleu et rouge à guirlandes de fleurs et rinceaux.

950

60 — **Rouen**. Aiguière, forme casque, décorée en bleu, et rouge sur blanc, à rinceaux, fleurs et lambrequins; au déversoir, un mascaron de tête d'homme Indien.

61 — **Rouen**. Pot cylindrique et couvert, décor en bleu et rouge à lambrequins, draperies, rinceaux et fleurs sur fond blanc; couvercle vissé.

62 — **Rouen**. Petit pot couvert à anse, décor polychrome, rayonnant sur le couvercle, à lambrequins, rinceaux, coquilles et fleurs sur la panse, en vert d'eau, jaune rouge et bleu.

63 — **Rouen**. Vase-cache-pot à piédouche, de forme octogonale, décor en bleu sur blanc à lambrequins; anses formées par des mascarons.

Haut., 32 cent.

64 — **Rouen**. Vase à couvercle, panse renflée et côtelée; piédouche évasé, anse formée par des cariatides de femmes supportant des coquilles; décor en bleu et rouge à lambrequins et écussons.

Haut., 41 cent.

65 — **Rouen**. Vase-rouleau, décor bleu sur blanc à lambrequins et rinceaux: couvercle à décor analogue.

Haut., 48 cent.

66 — **Rouen**. Jardinière, de forme étroite et rectangulaire, à piédouche, avec anses formées par
des mascarons ; décor en bleu sur blanc à guirlandes de fruits, lambrequins et rinceaux.

Haut., 39 cent.; long., 20 cent.

67 — **Rouen**. Statuette de jeune femme vêtue d'une
robe à fleurs polychrome, d'une jaquette bleue
et coiffée d'un chapeau à bords relevés. Elle est
assise sur un banc reposant sur un socle de
forme mouvementée, décor manganèse ; un
petit chien à ses pieds. *Pièce importante et rare.*

Haut., 50 cent.

68 — **Rouen**. Grand vase à piédouche, anses formées
par des mascarons à têtes de femme, godrons
au culot ; décor à rinceaux feuillagés en bleu et
rouge sur blanc ; sur la face, grande réserve à
armoiries.

Haut., 52 cent.; diam., 44 cent.

69 — **Rouen**. Grande console d'applique, modèle à
volute et guirlandes de fleurs retenues par des
mascarons de tête de lion sur les côtés ; base
ornée de rinceaux et de feuilles d'acanthe, se
terminant par un cul-de-lampe à feuille de
laurier ; décor polychrome. *Pièce rare.*

Haut., 60 cent.

70 — **Rouen**. Console analogue à la précédente,
avec légère variante dans le décor. *Pièce rare.*

71 — **Rouen** (Genre de). Plateau circulaire à bords relevés et dentelés, décor à corbeille fleurie, draperies et rinceaux.

72 — **Saint-Amand** (?) Soupière ronde à couvercle, décor de légumes divers en relief; anses à coquilles; bouton formé par un chou-fleur.

73 — **Saint-Amand** (?) Pichet formé par un marin en jaquette bleue.

74 — **Strasbourg**. Trois coupes à fruits, décor polychrome à fleurs, marli ajouré à résilles. (Sera divisé.)

75 — **Strasbourg**. Plat long à poissons, décor polychrome à bouquets de fleurs sur fond blanc; sur le marli, en relief, un brochet et des coquillages; bords à rinceaux et filets rouges.

Long., 43 cent.

76 — **Strasbourg**. Deux sucriers à poudre, décor à fleurs au naturel sur fond blanc; boutons formés par des fruits.

77 — **Strasbourg**. Soupière oblongue avec son couvercle et son plateau, décor polychrome à bouquets de fleurs; anses à rinceaux; bouton du couvercle formé par un champignon.

78 — **Strasbourg**. Verrière, décor polychrome à fleurs; anses formées par des rinceaux accolés.

PORCELAINES

ANCIENNES

79 — **Chine.** Soixante-dix assiettes, à décors divers en bleu sur blanc.

80 — **Chine.** Plat rond, décor polychrome à compartiments, fleurs et personnages.

81 — **Japon.** Trente assiettes à décors divers polychromes et rehauts d'or.

82 — **Ludwigsburg.** Plat rond à bords festonnés, décor de fleurs et fleurettes au naturel ; marli à décor en relief simulant la vannerie.

Diam., 35 cent.

83 — **Saint-Cloud.** Petit pot couvert, décor en relief fond blanc présentant des branchages fleuris, galonné, aux bords, de motifs en bleu. Monture en argent. Époque Louis XV.

84 — **Sèvres.** Beurrier en ancienne pâte tendre, décor de gerbes de fleurs et roses sur fond blanc, filets bleu et or. Décor de Buteux, dorure de Grison.

OBJETS DE VITRINE

OBJETS DIVERS

85 — Tabatière ovale, à double boitier en argent
doré ; le couvercle à décor de panier fleuri
ciselé. Époque Louis XV.

86 — Boite ronde en écaille blonde cerclée d'or;
offrant sur le couvercle un motif peint et pailleté :
Amitié et Amour. Époque Louis XVI.

87 — Petit panneau de vitrail ancien, offrant une
tête de Christ couronné d'épines.

IVOIRE, BRONZE

SCULPTURES

88 — Importante pendule en bronze ciselé et doré,
de l'époque Louis XVI. Elle est formée par une
statuette de femme largement drapée dans une
tunique, assise, tenant sur ses genoux un livre
ouvert, qu'elle retient de la main gauche, et
accoudée du bras droit à une borne contenant
le mouvement, flanquée de cariatides de femmes
et surmontée d'un vase à panse côtelée. Le socle rectangulaire mouluré offre une frise décorée
d'une boucle à rosaces, et repose lui-même
sur un contre-socle en marbre, à quatre pieds,
orné d'une frise à flots entrecoupés de motifs
feuillagés en bronze doré. Cadran signé de *Gille
l'Ainné à Paris.*

89 — Pendule d'applique avec socle, plaquée d'écaille,
ornée de bronzes ciselés dorés et couronnée
par une statuette d'enfant en bronze. Époque
Louis XV.

90 — Pendule avec son socle-support en bois laqué
noir et or. Travail hollandais du xviiie siècle.

91 — Statuette en bronze : Persée. Travail italien,
xviie siècle.

Haut., 27 cent.

92 — Statuette de Sainte, représentée debout tenant à la main un livre d'heures. Travail ancien dans le goût du xvɪᵉ siècle.

Haut., 44 cent.

93 — Garniture de cheminée en bronze ciselé et doré, composée de : 1ᵒ Une pendule formée par un groupe de deux enfants liseurs au pied d'une bibliothèque remplie de volumes, contenant le mouvement et reposant sur un socle enguirlandé ; 2ᵒ de deux candélabres à figures d'Amours posés sur des sphères et soutenant des bouquets de cinq lumières ; socles en forme de vases. Commencement du xɪxᵉ siècle.

94 — Pendule en bronze ciselé doré. Époque Empire.

95 — Statuette en bronze à patine brune : Amour au Papillon. Socle en marbre vert de mer, décoré d'une frise en bronze à figures d'amours musiciens. Pieds à griffes.

95 *bis* — Miroir psyché à double face, à monture et encadrement de bronze ciselé et doré, sur pied en cristal taillé. Commencement du xɪxᵉ siècle.

96 — Deux paires d'appliques à quatre lumières en bronze ciselé et doré, à cariatides de femmes. Style Empire.

97 — Buste en marbre blanc : *Machiavel*. Il repose sur une colonne à entablement en marbre vert sculpté à guirlande.

98 — Deux fûts de colonnes en marbre rouge griotte
d'Italie, décorés de guirlandes de fleurs et de
feuillages en bronze doré; bases à tores de
lauriers.

99 — Paire de vases en marbre vert d'Egypte; anses
formées par des serpents en bronze doré; ornements à guirlandes de fleurs et culots feuillagés.

100 — Groupe en marbre blanc : l'Enfant à la Cage,
d'après PIGALLE. Coussin et cage en bronze
doré.

101 — Groupe en marbre blanc : l'Enfant à la Co-
lombe, d'après PIGALLE. Coussin en bronze doré.

102 — Statuette d'enfant figurant l'Architecture.
Marbre italien du XVIIIᵉ siècle.

SIÈGES, MEUBLES

103 — Fauteuil, d'époque Louis XIV, en bois de noyer garni de canne.

104 — Six fauteuils en bois sculpté doré, de style Régence, garnis en tapisserie d'Aubusson, décor de paysages et volatiles dans des encadrements de fleurs.

105 — Console en acajou, dessus marbre gris, surmontée d'une glace psyché. Époque Premier-Empire.

106 — Encoignure en marqueterie de bois de rose et palissandre, ornée de bronzes. Dessus en marbre.

107 — Commode en marqueterie de palissandre, ornée de bronzes ; elle ouvre à quatre tiroirs et est garnie de moulures et de cannelures en cuivre. Époque Louis XIV.

108 — Commode en marqueterie de bois de rose, garnie de trois tiroirs, poignées et entrées de serrures en cuivre ; dessus de marbre. Époque Louis XVI.

109 — Console en bois sculpté doré, décor de guirlandes de fleurs. Époque Louis XV.

110 — Secrétaire en bois de placage, à abattant, décoré de médaillons à figures de bacchantes et d'amours en bronze doré. Encadrements, chutes et frise en bronze ciselé doré. Dessus de marbre à galerie de cuivre.

1.550.

111 — Secrétaire en marqueterie de bois richement orné de bronzes ciselés, dorés : entrelacs, rosaces, consoles et encadrements. Dessus de marbre brèche.

1.000.

112 — Armoire-vitrine en acajou à filets de cuivre à deux vantaux demi-circulaire. Style anglais.

300

113 — Vitrine, de forme mouvementée, en acajou et glaces, ornée de bronzes ; dessus à galerie de style Louis XV.

120

114 — Glace à fronton et encadrement de glaces : cadre en bois sculpté et redoré, d'époque Louis XIV.

160.

115 — Deux supports en bois sculpté et ajouré, orné de bronzes patinés. Style chinois.

190.

116 — Grand meuble, formant vitrine dans le haut et s'ouvrant à deux vantaux dans le bas, en bois noir avec panneaux en marqueterie de cuivre sur écaille, genre Boulle. Il est orné d'une importante décoration en bronze ciselé et doré offrant des figures de femmes, des amours et des ornements divers.

1.000

TAPISSERIES

117 — Deux bandeaux en ancienne tapisserie des
Gobelins, à décor d'aigles, vases, paniers fleuris,
guirlandes, lambrequins et rinceaux ; bordure
simulant un cadre.

> Long., 3 m. 50 cent.; larg., 30 cent.

118 — Feuille de paravent en tapisserie au point
Décor à médaillon central présentant un pay-
sage ; fond crème à lambrequin et rinceaux.
XVIIe siècle.

119 — Tapis de la Savonnerie.

120 — Tapis d'Aubusson. présentant une rosace
centrale et des lyres dans un encadrement de
feuillages, entourage à grands rinceaux ; bordure
par compartiments de rosaces et de palmettes.
Commencement du XIXe siècle.

121 — Grande carpette d'Orient, à dessin polychrome.

122 — Carpette orientale, décor central à rosace entourée de rinceaux et arabesques en polychrome.

123 — Grand tapis de la Savonnerie, décoré, au centre, d'un bouquet de fleurs dans un cadre à mascarons et guirlandes de fleurs sur fond rouge damassé. Encadrement à guirlandes sur fond crème, entourage d'arabesques.

8 mètres × 7 mètres.

124 — Objets non catalogués.

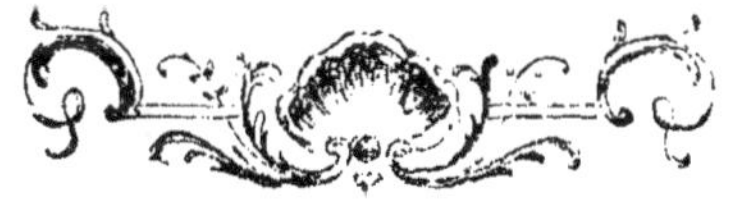